HOMME OU SINGE

OU LA

QUESTION DE L'ESCLAVAGE

AUX ÉTATS-UNIS

PAR

M. POUSSIELGUE

EX-ATTACHÉ D'AMBASSADE A WASHINGTON

PARIS

E. DENTU, LIBRAIRE-ÉDITEUR

Galerie d'Orléans, 13 et 17, Palais-Royal

1861

—

HOMME OU SINGE

OU LA

QUESTION DE L'ESCLAVAGE

AUX ÉTATS-UNIS

PAR

M. POUSSIELGUE

EX-ATTACHÉ D'AMBASSADE A WASHINGTON

—◦◦◦—

PARIS

E. DENTU, LIBRAIRE-ÉDITEUR

Galerie d'Orléans, 13 et 17, Palais-Royal

—

1861

—

Cher Monsieur,

Après m'avoir rappelé avec bienveillance mon séjour prolongé aux États-Unis, la position que j'y occupais, l'indépendance absolue de mes idées, mon libéralisme même exagéré suivant vous, vous me demandez ce que je pense de *la question de l'esclavage.*

Avant de vous faire connaître mon opinion sur les événements importants qui s'accomplissent, je vous ferai observer : 1° que je ne suis pas créole, c'est-a-dire blanc né dans les colonies, mais bien pur Parisien; 2° que je n'ai aucun parent créole; 3° que je ne suis, ni n'ai été propriétaire d'aucune plantation ou sucrerie; 4° qu'enfin je n'ai reçu d'argent de personne pour dire le contraire de ce que tant de grands esprits ont prêché en Europe : *l'exaltation du nègre.*

Tous ces points bien établis, je vous avouerai que, confiné dans ma Thébaïde, au fond d'une de nos provinces les plus éloignées, il y a longtemps déjà que je ne sais rien du monde et de ses agitations, que ce que m'en apprennent mes deux fidèles journaux le *Siècle* et l'*Opinion Nationale.*

Or, je vous déclare, dans mon droit d'abonné fervent, d'homme qui a renoncé à toute carrière pour garder pur de toute altération le culte des idées démocratiques, que les Rédacteurs de ces deux feuilles ont perdu la tête quand ils traitent la question américaine.

Comment se fait-il que ces messieurs, qui élèvent la voix avec tant de force et de vérité contre le servage russe ou polonais, puissent mettre sur le même plan l'esclavage blanc et l'esclavage noir!

Je crois donc devoir les inviter, dans l'intérêt de leurs abonnés, aux-quels ils doivent la vérité, à aller passer, comme nous, trois ans en

Amérique ; et si, après ce séjour, ils défendent encore les nègres avec la même ardeur ; surtout si, pour donner un touchant exemple de fraternité, ils reviennent en France accompagnés d'une épouse légitime au nez carrément épaté, à la lippe pendante et aux attraits couleur de suie, d'une vraie négresse enfin, je me déclare converti, et, comme j'ai toujours respecté les décisions de la majorité, je combattrai avec eux la proposition mathématique que je me propose de soutenir et de démontrer dans ces quelques pages : *l'homme blanc est au nègre ce que le nègre lui-même est à l'orang-outang.*

Pour m'exprimer plus clairement, voici le résumé de mon opinion :

Le nègre appartient à la race humaine, mais à un degré inférieur.

Il y a aussi loin du blanc au nègre, que du nègre à l'orang-outang.

De l'orang-outang on peut descendre par une chaîne non interrompue d'êtres animés jusqu'à la plus infime création qui soit douée de la vie, jusqu'à la mousse enfin !

Pourquoi donc l'homme blanc qui s'est arrogé, en sa qualité de roi de la création, et sans que personne songe à l'en blâmer, le droit d'employer à sa nourriture ou à ses plaisirs tous les animaux et tous les végétaux, n'aurait-il pas le droit de demander au nègre, qui est son inférieur par la volonté de Dieu, de lui rendre des services domestiques ?

Telle est ma conviction absolue sur ce sujet : je passe maintenant à l'étude des raisons scientifiques et métaphysiques qui démontrent l'évidence de cette thèse.

————

ÉTUDE DE L'ÉCHELLE HUMAINE

Du Blanc au Nègre

Prenons les diverses races humaines au moment de leur création : toutes devaient en être au même point, c'est-à-dire qu'en leur supposant le même degré d'intelligence, elles avaient à triompher des mêmes difficultés pour arriver à l'état civilisé.

L'histoire nous apprend qu'entre la société civilisée et l'homme primitif il y eut deux états intermédiaires : l'état sauvage où l'homme chasseur et pêcheur n'eut d'autre occupation que de chercher sa nourriture et de défendre sa vie contre les bêtes féroces et ses semblables, l'état barbare où, devenu pasteur et agriculteur, il commença à se former en société et à créer des lois pour refréner ses propres passions. De là, s'élançant dans le domaine du progrès infini, il s'est emparé de toutes les forces éparses dans la nature, pour en tirer des jouissances nouvelles, et il a élevé le magnifique monument de la civilisation moderne.

Comment se fait-il donc, qu'après cinq mille ans d'existence, chacune des quatre races qui peuplent le globe en soit arrivée à un degré de perfection différent suivant *la gradation des couleurs?*

1° La *race blanche* occupe depuis les temps les plus reculés l'Europe, le nord de l'Afrique, l'Asie mineure, l'Arabie, la Perse et l'Inde jusqu'au Gange. Elle a peuplé une partie des côtes de l'Afrique, le nord de l'Asie, les deux Amériques, la Nouvelle-Hollande et presque toutes les îles répandues sur l'immensité des deux Océans. Partout sa supériorité physique et morale, et le développement extraordinaire de sa civilisation lui ont assuré une complète suprématie. Elle a occupé incontestablement le premier rang à toutes les époques historiques.

2° Le second rang appartient à la *race jaune*, confinée au nord-est et au centre du grand continent asiatique, et dont les colonies s'étendent dans les îles de la Sonde et jusqu'en Amérique. Les Mongols, qui ont conquis l'Asie entière et une partie de l'Europe, les Chinois, dont la civilisation rivalise en certains points avec la nôtre, appartiennent à la race jaune. On peut dire de ces peuples qu'ils en sont au point intermédiaire entre l'état barbare et l'état civilisé.

3° La *race cuivrée* vient la troisième. Les Malais occupent le sud-est de l'Asie, les îles de la Sonde et de la Polynésie, Ceylan et Madagascar ; les indigènes des deux Amériques appartiennent, sauf quelques variations, à cette race. L'existence d'une société organisée, d'un code religieux et politique, la perfection relative des arts et des sciences, les monuments d'architecture élevés dans les îles de la Sonde, au Pérou et au Mexique, indiquent clairement que la race cuivrée est parvenue à l'état intermédiaire que j'ai désigné sous le nom de *barbarie*.

4° Voici enfin la *race noire !* Elle habite, outre l'Afrique presque entière et l'Amérique où elle a été transportée, la Nouvelle-Hollande, la Nouvelle-Guinée et quelques autres îles, auxquelles Dumont d'Urville, dans sa division de l'Océanie, a imposé le nom de Mélanésie. On ne saurait contester, comme je le prouverai tout à l'heure, que cette race ne soit restée à l'état presquent sauvage, même pour les nègres mélanésiens à l'état primitif.

D'où vient donc cette différence saisissante entre les progrès accomplis par les deux races blanche et noire, placées l'une au premier, l'autre au dernier rang dans l'échelle humaine ?

La race noire aurait-elle été dans des conditions défavorables de développement par suite de la stérilité de la partie du globe qu'elle occupait ? En aucune façon !

Qui pourrait comparer l'admirable fertilité du Sénégal et de l'Abyssinie avec le climat de l'Angleterre et du nord de la France !

Faut-il croire avec Buffon que l'influence de la température change le type des races? Non! Car les créoles blancs établis en Afrique depuis trois cents ans ont gardé parfaitement pur le sang européen, et la chaleur du soleil n'a pas rendu leurs cheveux laineux, ni leur nez épaté. D'ailleurs, s'il fallait admettre l'opinion de Buffon, les nègres de la terre de Van-Diémen et du sud de la Nouvelle-Hollande, où la température est relativement froide, seraient devenus blancs, et ils sont encore de la plus belle couleur de suie.

Que faut-il en conclure ?

C'est que le nègre, quoique appartenant à l'espèce humaine, n'y occupe pas le même degré que le blanc, qu'il est d'une intelligence moindre, et qu'il est susceptible d'une progression moins complète.

Chose remarquable ! l'anatomie et la physiologie sont ici complétement d'accord avec le raisonnement !

Je ne veux pas entrer dans des détails ethnographiques trop longs pour le sujet que je traite ; je laisserai donc de côté les races intermédiaires, jaune et cuivrée, quoique leur étude confirme les règles que je vais établir. D'ailleurs, avant de parler des différences anatomiques et physiologiques, qui séparent la race blanche de la race noire, je dois, pour prévoir les objections, dire un mot des nombreux croisements qui ont altéré le type primitif de la race noire.

Les Abyssins, qui sont les plus beaux et les plus civilisés des nègres, ne sont que le produit du croisement des Cophtes blancs de l'Egypte avec la race noire primitive.

Les côtes de Zanguebar et de Mozambique, dont les esclaves sont les plus recherchés en Amérique pour leur esprit et leur vigueur, sont occupées, depuis un temps immémorial, par des colonies arabes qui se sont mêlées aux indigènes.

Les Cafres, les plus intelligents et les moins laids des nègres de l'Afrique méridionale, ont en face de leur territoire la grande île de Madagascar, habitée par les Makais, qui sont répandus aussi sur quelques points de la côte.

On ne peut donc tirer des arguments contre mon système, du plus ou moins de civilisation des peuples que je viens de citer, car ils n'appartiennent pas exclusivement à la race noire.

Prenons le nègre pur, le nègre sans mélange, tel qu'on le voit au centre de l'Afrique ou sur la côte **Ouest**, au **Sénégal** et dans les deux **Guinées**, et mettons-le en face d'un **Européen**.

Voyez d'ici sa tête couverte de laine, son front déprimé, ses yeux ronds, son nez épaté, ses grandes oreilles descendant jusqu'au cou, sa bouche fendue jusqu'aux oreilles, sa mâchoire avancée comme la gueule d'un animal, ses bras trop longs, sa poitrine rentrée, ses jambes maigres sans mollets et aux attaches grossières, et dites-moi, quelque laid que vous soyez, si vous pourrez admettre qu'il est entièrement votre semblable et que Dieu l'a pétri de la même pâte.

Ces mamelles pendantes que la négresse jette par-dessus son épaule à son enfant qui veut téter, vous rappellent-elles les formes de la **Vénus de Médicis** ?

Cette bouche dilatée, cette denture formidable ne sont-elles pas plus faites pour broyer les os et la chair palpitante que pour exprimer l'éloquence et la poésie ?

Ce front, qui a deux ou trois degrés de moins que le vôtre, est-il capable des mêmes combinaisons ?

Voyez l'attitude du nègre dans son pays natal : elle n'exprime que des passions bestiales ; le cerveau ne joue encore qu'un rôle secondaire dans son organisation : les sens le dominent entièrement.

Et pourtant la peinture que je viens de faire du nègre africain, comme type de la race noire, est encore bien loin de la vérité, si nous étudions les noirs de la **Mélanésie**.

Ces hommes-singes, car je ne puis les appeler d'un autre nom, sont confinés sur le continent de la **Nouvelle-Hollande** et dans la **Nouvelle-Guinée** ; toutefois, une race intermédiaire s'est aussi formée de leur mélange avec les **Malais** et les **Indiens** de la **Polynésie** : ce sont les **Alfourous** des îles de la **Sonde** et les habitants de quelques îles importantes de l'**Océanie**, entre autres la **Nouvelle-Calédonie** et les îles **Viti**.

C'est à **Van-Diémen**, et dans la partie sud de la **Nouvelle-Hollande**, que cette race s'est conservée la plus pure, comme aussi la plus hideuse et la plus rapprochée de la brute.

Chez elle l'angle facial diminue encore, le front est fuyant depuis les sourcils, la masse du crâne est portée en arrière comme chez les crétins, le masque du visage a les plus grands rapports avec celui des grands singes, les bras descendent au-dessous du genou, les jambes excessivement grêles sont terminées par des pieds difformes, dont le pouce, qui est mobile et prenant, leur sert à grimper aux arbres.

Voilà pour le physique! Voyons maintenant le moral.

Cook, Wallis et d'Entrecasteaux ont constaté qu'ils ne connaissaient pas l'usage du feu, qu'ils vivaient d'aliments crus ou desséchés au soleil, qu'ils n'avaient aucun animal domestique, qu'ils ne cultivaient aucun végétal, qu'ils ignoraient l'art de la navigation, qu'enfin ils n'éprouvaient même pas le sentiment de la curiosité! Leur misérable vie se passait à chercher leur nourriture parmi les rochers, à la marée basse, et à tâcher de découvrir quelques cadavres d'animaux morts pour s'en repaître! Quand la faim devenait trop pressante et que les animaux manquaient, les plus forts tuaient les plus faibles et les dévoraient sans scrupule.

Depuis soixante-dix ans que les Anglais occupent le pays, les indigènes n'ont pu être utilisés à rien; ils ont été ou détruits ou refoulés dans l'intérieur des terres, où leurs tribus nomades, qu'on y retrouve encore en petit nombre, vivent en volant les bœufs et les moutons des émigrants qui leur font une guerre acharnée.

D'ici à peu d'années, ce curieux type de race humaine aura sans doute disparu.

J'ai insisté à dessein sur ce dernier rameau de la race noire, parce que, entre lui et le rameau caucasique, le premier de la race blanche, il y a autant de différence, sinon plus, qu'entre ce type infime de l'espèce humaine et la première espèce de singes.

C'est ce que je vais prouver dans le chapitre suivant.

II

Du Nègre à l'Orang-Outang

—

Après cette description exacte du nègre Mélanésien, il me reste à dire ce que la zoologie moderne sait des grandes espèces de singes les plus rapprochées du type humain.

Il y en a cinq et les voici par ordre : les *Pongos*, les *Gorills*, les *Orangs*, les *Chimpanzés* et les *Gibbons*.

Les Pongos. — Leur histoire est fort obscure, et, comme ma manière de procéder par des déductions, tirées de faits irrécusables, ne me permet pas de tenir compte des récits plus ou moins véridiques des voyageurs, je ne citerai à leur égard que le fait suivant :

Vers 1822, un bâtiment de commerce hollandais fut forcé, par le manque de vivres, de relâcher à l'île des Cochons, près de la côte nord-ouest de Sumatra.

Les indigènes apprirent au capitaine que, depuis quelques jours, le diable était venu s'établir dans un petit bois, au milieu de leur île, et qu'il poussait durant la nuit des cris si lugubres qu'ils n'osaient plus sortir de leurs huttes. Ce dernier, persuadé avec raison que le diable devait être quelque animal extraordinaire, prit avec lui un détachement de matelots armés de fusils, et s'achemina vers l'endroit signalé. Dès que la petite troupe fut arrivée dans une clairière au milieu du bois, elle vit venir à elle un être étrange et effrayant, qui avait près de six pieds de haut, une grande barbe, des moustaches hérissées et tout le corps, à l'exception des mains et de la figure, couvert de poils noirs. Il avait quitté, effrayé par le bruit, le lit de mousse où il reposait, et s'avançait en roulant les yeux et en brandissant avec force un long bâton. Aussitôt il reçut vingt coups de feu, il tomba, et mettant ses mains sur ses entrailles qui s'échappaient par une horrible blessure, poussa des gémissements si douloureux, ses yeux pleins de larmes semblèrent si bien reprocher aux matelots le meurtre inutile qu'ils venaient de commettre, que ceux-ci prirent la fuite avec horreur. Le lendemain, quand le capitaine revint sur les lieux, la partie inférieure du corps avait été dévorée par les bêtes féroces, la tête et la poitrine étaient seules intactes. Cette tête et quelques os conservés dans l'esprit-de-vin ont été rapportés au musée de Leyde. La figure a une grande ressemblance avec le visage humain, le nez est pointu, la bouche grande, les yeux ronds et très-enfoncés, la barbe et la moustache bien placées, enfin le front découvert comme chez l'homme a une certaine largeur. Cet individu, ayant comme les singes une côte de plus que l'homme, a été classé parmi eux sous le nom de Pongo de Worms.

Les Gorills. — Qui n'a pas vu cet être hideux et gigantesque, placé dans une cage de verre au milieu des galeries du muséum ? Cette peau noircie par le dessèchement, ces dents saillantes, l'expression féroce de la physionomie, la force prodigieuse annoncée par le développement des muscles des bras et des jambes, forment un ensemble repoussant. C'est le seul exemplaire connu, un vieux mâle qui a été envoyé en France de la côte africaine du Gabon. On ne sait rien de ses mœurs ni de ses habitudes; ce singe est d'une grande taille, 1 mètre 70 environ; seulement chez lui l'angle facial est moins développé que chez le Pongo, et la tête plus aplatie le rapproche davantage de la brute.

Les Orangs. — La plus grande taille des orangs-outangs n'est que de 1 mètre 50; ils sont encore très-rapprochés du type humain, mais pourtant dans la vieillesse leur bouche devient fort proéminante. On les connaît un peu mieux que les précédents: il n'en est venu que de très-jeunes en Europe, où les maladies de poitrine les enlèvent rapidement; cependant on a pu admirer leur intelligence déjà très-développée à l'âge de deux ans. Je ne parlerai pas ici de l'orang femelle de Rienzi, qui faisait la manœuvre avec les matelots, qui s'habillait et se déshabillait chaque jour pour se coucher dans son lit, et chez qui l'éducation avait développé, à ce qu'il prétend, le sentiment de la pudeur. J'arrive à ce que j'ai vu de mes propres yeux. J'ai vu à **Cuba** un orang mâle adulte servir à table avec les domestiques nègres; il était revêtu de la même livrée qu'eux, comprenait tout ce qu'on lui disait, et enlevait les assiettes avec une adresse merveilleuse. Il est vrai qu'il se livrait à des grimaces et des contorsions involontaires, et que, quand l'œil du maître le perdait de vue, il faisait rafle sur la desserte qu'il cachait dans ses poches. Il faut convenir qu'en cela il ressemblait singulièrement à nos domestiques! Je ferai remarquer aussi que le nom d'orang-outang veut dire, en Malais, homme des bois, et que les indigènes de Bornéo et de Sumatra soutiennent qu'ils tirent leur origine de paresseux, qui se seraient retirés dans les jungles pour échapper au travail.

Les Chimpanzés. — Les Chimpanzés qui viennent de l'Afrique occidentale, sont les mieux connus de tous les grands singes. C'est ceux qu'on appelle vulgairement orangs-outangs, ceux à qui Buffon a donné le nom de Jockos, et dont tout le monde a admiré l'intelligence au palais des singes. Ils n'ont guère plus d'un mètre 10 de haut; marchent ordinairement demi courbés en s'appuyant sur les mains, et cette allure les éloigne encore de l'espèce humaine.

Les Gibbons. — Les Gibbons qui viennent de l'Inde sont aussi d'une grande taille et ont la physionomie de l'homme, mais ils portent une queue, et, à dater d'eux, l'espèce va toujours en décroissant et en se rapprochant des animaux de race inférieure.

Maintenant que j'ai fait l'historique des grandes espèces de singes, voyons quelles sont les différences admises par les philosophes entre l'homme et les animaux, et examinons les arguments qu'on pourrait m'opposer.

Ils sont de trois sortes : L'homme a de l'intelligence, l'animal n'a que de l'instinct.

L'homme est perfectible, l'animal ne l'est pas.

L'homme parle, l'animal crie.

Sur le premier point je dirai ceci : L'animal n'a pas seulement de l'instinct, il a de l'intelligence à un degré beaucoup moindre, il est vrai, à cause du peu de capacité de son cerveau.

Prenons pour exemple l'animal le plus connu et dont la domestication est la plus complète, le chien.

Le chien pense, car il rêve.

Le chien a une intelligence à lui, car ce n'est pas l'instinct qui lui a appris à défendre la maison contre les voleurs, à rapporter à son maitre le gibier qu'il chasse, et à protéger les moutons que son instinct lui conseillerait de dévorer.

Il est inutile de citer les exemples d'intelligence du chien, tout le monde les connait.

Quant à la perfectibilité humaine, elle n'est que relative, c'est-à-dire plus considérable que celle dont les animaux sont susceptibles.

Par l'éducation l'homme a formé, parmi les animaux qu'il a rendus domestiques, des spécialités qui ont leurs qualités physiques et morales : il y a des chiens de chasse courants ou couchants, des chiens de garde, des chiens de berger, etc., etc. : il y a des chevaux de labour, des chevaux de guerre, qui tous connaissent fort bien l'importance de la profession qu'ils exercent, et s'indignent quand on veut la leur faire abandonner.

Pour ce qui est de la parole, l'argument n'est pas plausible : sans vouloir parler des oiseaux qui, à cause de la conformation de leur gosier, imitent la voix humaine, je dirai que les cris des animaux qui se comprennent parfaitement entre eux constituent un langage approprié à leur condition. Je comprends tout ce que veut dire mon chien quand il aboie, et lui-même me comprend quand je lui donne un ordre ; j'ai essayé vingt fois de parler anglais à un chien français et il ne m'entendait pas.

Il n'y a donc là qu'une différence anatomique dans le larynx.

Tous ces points bien établis au sujet du chien, que ne pourrait-on obtenir comme intelligence et comme services des grands singes si rapprochés du type humain, si on parvenait à les rendre domestiques !

Ainsi donc, je crois avoir démontré que l'homme n'est pas dans la création un être à part, mais qu'il est tout simplement le premier des animaux.

Mais, me demandera-t-on, que devient alors l'immortalité de l'âme?

C'est une question à laquelle je ne saurais répondre, parce qu'elle me ferait quitter le domaine de la science exacte pour rentrer dans les probabilités philosophiques qui ne reposent sur rien.

Cependant, il y aurait un moyen positif de s'assurer si l'homme est, oui ou non, un être d'une essence supérieure : de là à l'immortalité de l'âme, la conclusion serait facile. Que les gouvernements civilisés s'entendent pour nommer une commission de savants de tous les pays : que cette commission se transporte dans les îles de la Sonde, au pays des orangs-outangs : qu'elle se procure un nègre mélanésien pur et une femelle d'orang adulte ; qu'un rapprochement intime ait lieu, et s'il y a produit, que devrons-nous penser de l'immortalité de notre âme humaine ?

Ce produit aura-t-il une âme comme le père ? ou bien en manquera-t-il comme la mère ? ou bien encore n'en aura-t-il qu'une moitié ?

Dans l'état actuel de la science, tous les savants ont songé à l'expérience que j'ose proposer, mais aucun n'a osé en parler. Moi, je ne recule devant rien, et je dis brutalement ma pensée : *il y a tout lieu de croire que le croisement de la dernière race d'hommes avec la première race de singes serait fécond.*

L'analogie anatomique est complète, à l'exception d'un rudiment de côte et des doigts des pieds qui sont prenants ; or, le rudiment de côte est d'une importance nulle dans l'organisation, et, quant à la faculté de prendre avec les doigts des pieds, certains sauvages qui vivent sur les arbres, entre autres les Guaranis, jouissent de la même faculté. N'avons-nous pas vu en France un peintre habile privé des deux bras, exécuter d'excellents tableaux avec ses pieds !

Quant aux analogies, je n'en citerai qu'une seule parce qu'elle est frappante : les femelles des singes ont des pertes mensuelles comme les femmes !

Dans l'ordre moral, à part toutes les qualités et tous les vices qui font du singe la caricature vivante du nègre, qui est lui-même celle du blanc, il est à remarquer que les singes mâles ont un goût réel pour les femmes : on a vu au Jardin des Plantes un cynocéphale s'élancer comme un furieux et blesser gravement un jeune homme qui faisait mine d'embrasser la fille de son gardien. Les histoires de négresses enlevées par les grands singes sont dans la bouche des habitants de tous les pays où ces derniers existent. Enfin le Pongo de Worms, dont j'ai raconté la mort, ne serait-il pas lui-même un métis des deux races ?

Qu'il me soit permis maintenant de faire une remarque : d'ici à cinquante ans au plus, les nègres mélanésiens et les orangs-outangs auront disparu, et l'expérience que je propose sera impossible : alors peut-être on regrettera de n'avoir pas tenté le seul moyen de nous éclairer sur notre destinée à venir, et on maudira ces savants modernes qui, par un faux respect humain, n'auront pas osé tirer les conclusions de la grande science dont ils sont les apôtres.

Je sais qu'au point de vue religieux ma proposition est odieuse : pourtant elle ne s'attaque en rien à la religion ni aux dévots : c'est une question qui ne peut intéresser que les libres penseurs.

Je vais fournir moi-même un argument irréfutable contre mon système aux personnes qui sont croyantes ; le voici : si un croisement pareil s'opérait, ce serait que Dieu l'aurait permis pour éprouver la foi des hommes.

Que répondre à cela ?

Il faut reconnaître au christianisme une force irrésistible, c'est de se fonder sur des mystères et de pouvoir dire : Le soleil qui ne marche pas s'est arrêté à l'ordre de Josué, parce que Dieu l'a permis. Il n'y a plus de miracles dans les temps modernes parce que Dieu les a défendus.

Je termine cette digression qui m'a écarté de mon sujet, et je me résume ainsi :

Dans l'espèce humaine le nègre est inférieur au blanc ; donc le blanc a le droit imprescriptible de lui demander des services domestiques.

III

De l'état actuel du Nègre et du rôle qu'il doit jouer dans la Société

—

La place du nègre étant admise dans l'échelle humaine, quelle conséquence faut-il en tirer ? C'est qu'il est destiné, par sa nature même, par son infériorité relative, à être le domestique, sinon l'esclave du blanc.

Par le fait, qu'est devenu l'esclavage au moment où j'écris ces lignes ? un état infiniment plus doux que ne le disent madame Stowe et d'autres écrivains abolitionnistes.

Cette dame, pour faire son roman de l'*Oncle Tom*, a rassemblé toutes les cruautés, toutes les horreurs qui sont de tradition sur les planteurs et les a groupées avec art dans un seul cadre ; ce livre, admirablement écrit, et qui a eu tant de succès, est d'une exagération sans pareille.

Voici ce que j'ai vu, par moi-même, pendant mon séjour dans les États à esclaves, et ce qui ne saurait être contesté par les esprits impartiaux :

Les esclaves noirs sont fort bien traités ; ils ont chacun une case spacieuse avec un jardin, une nourriture suffisante, un temps de travail plus limité que celui de nos ouvriers européens et un jour de liberté par semaine.

Généralement, rien n'est plus gai que l'aspect d'une plantation ; le soir, après le travail, la danse et le chant se succèdent sans interruption une partie de la nuit.

Qui donc pourrait comparer cette expansion générale, cette franche joie, avec la réserve morose, et la tristesse des serfs russes, mal dissimulées sous la crainte !

Je sais bien que, parfois. il est des maîtres sévères, et des commandeurs cruels ; mais. ce sont des faits excessivement rares. Quel intérêt aurait un planteur à maltraiter ses nègres qui sont toute sa fortune ?

Au point de vue moral. le nègre semble reconnaître son infériorité: il considère lui-même le blanc comme d'une espèce supérieure à la sienne : il n'a pas de ces aspirations d'indépendance. de dignité personnelle. et d'honneur, qu'on lui a gratuitement supposées. Rien ne l'étonne plus que le langage tenu à son égard par les abolitionnistes. Il ignore la jalousie et l'amour. pour lui. c'est la passion brutale.

Pourvu qu'il soit bien logé. bien nourri, et que le travail ne soit pas trop dur. il est le plus heureux des hommes. Quand il a un bon maître, il ne redoute rien tant que la liberté. qui le forcerait à subvenir lui-même à ses besoins.

Il est bien entendu que cette peinture ne s'applique en rien aux hommes de couleur qui ont puisé dans le sang blanc une énergie et un besoin d'indépendance excessifs.

Voyons, maintenant, quelles garanties l'esclave peut trouver. dans les lois du pays, contre un maître capricieux et cruel.

Un magistrat spécial, et indépendant, a seul le droit de prononcer l'application de la peine. lorsqu'il a commis une faute.

Il peut se présenter devant un tribunal. se faire estimer, et. en payant, recevoir les papiers qui établissent sa liberté. Ce tribunal se compose de trois assesseurs, l'un choisi par son maître. les deux autres par la justice. Il peut payer la somme fixée pour sa libération par à-comptes de vingt-cinq francs. Enfin. il peut exiger sa vente forcée, c'est-à-dire. qu'après s'être fait estimer, il peut contraindre son maître à le vendre à quiconque veut payer la somme déterminée judiciairement.

Cette loi de transfert, appliquée fréquemment, est un frein perpétuel imposé aux maîtres d'esclaves.

On voit que cette législation. établie à Cuba depuis longtemps déjà. est de nature à empêcher bien des abus, et qu'il y a loin de là aux peintures dramatiques que les romanciers se plaisent à faire sur les cruautés dont les nègres sont les victimes.

Cependant, ces lois ne sont pas suffisantes, et j'examinerai. au chapitre suivant, ce qu'il y aurait à faire pour compléter le code de la justice noire.

Je me résume, en disant : *que le nègre n'est ni maltraité ni malheureux, comme on le représente, et que sa condition de servitude, à l'égard du blanc, ne le révolte en aucune façon.*

O grand Fourier! quand tu as mis au jour tes sublimes rêveries du phalanstère, quand tu as peint cet âge d'or qui n'arrivera peut-être que dans cinq ou six mille ans, si la boule terrestre tourne encore; ô Saint-Simon! toi qui étais forcé de faire cirer les bottes par les adeptes, anciens élèves de l'Ecole Polytechnique, quels remercîments ne m'auriez-vous pas donnés si je vous avais montré, au-dessous de la grande race blanche, cette race noire toute disposée à remplir les travaux rebutants de vos vastes associations, et plus heureuse sous la direction paternelle du blanc, que livrée à elle-même dans ses déserts sauvages de l'Afrique, où elle se massacre et s'entre-dévore sans pitié!

IV

Questions Philanthropiques

—

Maintenant au nom de la philanthropie, au nom de la civilisation, qu'il me soit permis de m'élever contre le sort des hommes de couleur, car leur position sociale m'a vraiment révolté en Amérique.

Tout homme qui a du sang noir dans les veines, quelque blanc qu'il soit d'ailleurs, est confondu par les créoles, avec les nègres africains les plus abrutis.

Bien souvent j'ai été indigné de voir vendre à l'enchère des jeunes gens et des jeunes filles, chez qui un Européen n'aurait pu distinguer la moindre trace de sang noir.

Il y a encore un grand nombre d'hommes de couleur qui sont esclaves, et c'est à eux qu'on confond avec les nègres, c'est à leur résistance fondée sur la supériorité de leur nature qui ne peut se plier à la servitude, qu'il faut attribuer tout l'intérêt que l'esclavage a excité en Europe.

C'est une immense injustice, dont les créoles se rendent volontairement coupables.

Ainsi un riche planteur recevra à sa table avec les plus grands égards un pauvre blanc réduit à demander l'aumône, et ce même homme refusera de s'asseoir dans un théâtre à coté d'un mulâtre riche, instruit et distingué.

Cette contradiction s'explique pourtant jusqu'à un certain point: un rapprochement aurait pour résultat de faire disparaître la race blanche pure. l'on verrait comme au Mexique, la société composée seulement d'hommes de sang mêlé, et c'est à cet abâtardissement de la belle race espagnole dans ce dernier pays qu'il faut attribuer son abaissement.

En attendant, le libertinage des créoles tend à créer une race intermédiaire plus nombreuse de jour en jour, ce qui, à un moment donné, entraînera les nègres dans une révolte victorieuse.

C'est le tiers-état entre la noblesse et le peuple, et vous savez, ô Planteurs, ce qu'il en advint à la noblesse et à la royauté absolue pour avoir laissé s'élever cette classe intermédiaire !

Il vous serait facile pourtant d'empêcher le développement du mal.

Je ne vous comprends pas en vérité ! vous vous croyez d'une race supérieure, et pour satisfaire vos passions brutales vous avez des harems de négresses ! leurs enfants qui sont bien les vôtres, vous les abandonnez sans souci à leur misérable position !

C'est ainsi que vous vous perdez vous-mêmes, et que vous donnez raison à vos adversaires.

Mettez donc fin à vos débauches et déclarez dès aujourd'hui que tout homme qui naîtra avec du sang blanc dans les veines est libre de droit.

Si vous faites cela, la race intermédiaire se fondra peu à peu dans la vôtre. Sinon, prenez garde à vous !

Quant aux nègres, aux nègres véritables, que la nature a destinés à être vos serviteurs, qu'ils soient protégés par la loi, et qu'ils ne puissent plus être livrés aux caprices d'un maître cruel et insensé.

Adoptez la législation qui est en pratique à Cuba : supprimez toutes les peines corporelles ; que tout nègre qui pourra prouver avoir été maltraité par son maître, appartienne de droit à l'État qui l'emploiera aux travaux publics ; qu'il soit impossible de vendre séparément les membres de la même famille ; que la durée du travail soit légalement fixée ; que des gens honnêtes inspectent les plantations pour s'assurer que la loi est respectée ; enfin qu'un code de justice noire complet soit rédigé, et rigoureusement appliqué.

Alors le sort des nègres n'excitera plus en Europe une indignation aussi générale, surtout quand on songera à l'état de barbarie complète où ces infortunés vivent dans leur pays natal, et aux malheurs qui sont résultés chez les sauvages africains de l'abolition de la traite.

On se souviendra, qu'au moment où j'écris ces lignes, le roi de Dahomey, ne pouvant plus vendre ses esclaves, en fait massacrer deux mille en l'honneur des mânes de son père, et qu'un autre tyran du Congo prend des bains chauds dans des rivières de sang humain, pour guérir ses maladies imaginaires.

On se souviendra aussi que l'abolition de la traite a fait reprendre aux tribus de l'intérieur l'abominable habitude de dévorer leurs prisonniers. Ils ne peuvent plus les vendre, ils les mangent! c'est de la logique nègre, mais c'est affreux!

Voilà pourtant ce que les phi' anthropes n'avaient pas prévu!

V

La Question de l'Esclavage aux États-Unis et aux Antilles. Quelle doit être l'attitude de la France ?

—

Ce qu'on ne sait généralement pas assez, c'est pourquoi l'Angleterre a été la première puissance qui ait réclamé l'abolition de l'esclavage.

Des gens bien disposés croiront que c'est par philanthropie, par scrupules religieux : sans doute ces sentiments y ont contribué, mais le grand mobile était, comme toujours, l'intérêt.

Effectivement, depuis que l'Angleterre avait perdu ses colonies américaines qui ont formé les États-Unis, il lui restait fort peu de possessions où l'esclavage fût nécessaire : sauf la Jamaïque et quelques-unes des petites Antilles, elle n'avait rien à perdre, tandisqu'elle ruinait, du même coup, les planteurs du sud des États-Unis, des Antilles françaises et espagnoles, des Guianes française et hollandaise, et des immenses possessions brésiliennes.

Il est vrai que ces peuples n'ont pas voulu se laisser ruiner, et ils ont bien fait : à l'exception de la France, toutefois, qui, sous Louis-Philippe, suivait servilement toutes les volontés anglaises et chez qui, d'ailleurs, la révolution de Février, par un zèle mal entendu, amena l'abolition instantanée de l'esclavage.

Examinez-en le résultat ! comparez le décroissement rapide de nos colonies, la Martinique, la Guadeloupe, avec le magnifique développement de Porto-Rico et de Cuba, le plus beau fleuron de la couronne d'Espagne et avouez que les Anglais se sont montrés fort habiles.

On avait compté sur le travail du nègre devenu libre, mais le nègre en a jugé autrement. Favorisé par la beauté du climat, il s'est bâti un ajoupa dans les Mornes, passe sa vie à ne rien faire, et daigne seulement travailler une journée quand il a besoin de poudre ou de cotonnade.

Cette race-là n'éprouve pas l'ambition de parvenir et de s'élever qui agite les blancs ; pourvu que le nègre satisfasse à ses besoins naturels, il est content ; son Dieu à lui, c'est la paresse !

Cette belle colonie de Saint-Domingue, la reine des Antilles, le plus riche établissement que les Européens aient créé dans le Nouveau-Monde, qu'est-elle devenue depuis soixante-dix ans qu'elle appartient à la race noire ? un désert inculte où les hommes emploient à s'égorger le temps qu'ils ne passent pas à dormir ou à s'enivrer !

Voilà la civilisation dont sont capables les nègres livrés à eux-mêmes au milieu du plus beau climat, et avec les plus grands éléments de prospérité !

Aux États-Unis, ce n'est pas non plus une question de philanthropie qui a amené les États du Nord à combattre l'esclavage dans les États du Sud : les Yankees, dignes descendants des Anglais, y ont été poussés exclusivement par le soin de leurs propres intérêts.

A New-York, les hommes de couleur ne peuvent ni monter dans les omnibus, ni entrer au théâtre, ni loger dans les hôtels réservés aux blancs ; ils y seraient exposés aux mêmes insultes qu'à la Nouvelle-Orléans.

J'ai assisté dans ce même État, aux eaux de Saratoga, à une scène qui prouve que les préjugés y sont aussi exagérés que dans le Sud.

Les frères M***, originaires du cap de Bonne-Espérance, et qui avaient été les lions de la saison à Paris et à Londres, eurent la malheureuse idée de venir aux États-Unis. Ils résidaient déjà depuis quelques jours à Saratoga, où ils étaient parfaitement traités, lorsqu'un marin, qui les avait connus, apprit à la société des eaux qu'ils avaient un peu de sang noir dans les veines. Le soir, quand ils entrèrent dans la salle à manger, où plus de deux cents personnes étaient réunies, tout le monde se leva et quitta la table pour protester contre cette immixtion insolente de *nègres parmi les blancs*. Je cite le mot textuel, tel qu'il me fut répété par une charmante miss, fille d'un des hommes d'État qui combattent en ce moment avec le plus d'ardeur pour la cause des noirs.

Le négrophilisme outré des États du Nord n'est qu'une question de douanes.

Les États du Sud produisent le coton, le tabac, le sucre, la cochenille, et ne fabriquent pas : ils ont donc intérêt au libre échange.

Les États du Nord doivent surtout leur prospérité à leurs fabriques dont ils débitent les produits dans le Sud : ils veulent donc des droits de protection très-élevés pour empêcher la concurrence étrangère.

De là un antagonisme réel où les nègres ne sont que le prétexte.

L'élection de M. Lincoln à la présidence a été considérée comme une attaque par les États du Sud.

Ils ont voulu se séparer pour défendre leurs propriétés menacées, c'était leur droit !

D'où vient donc que la presse française est unanime pour les blâmer, sinon qu'elle a mal compris la question qui s'agite.

L'envahissement du Sud par le Nord serait un grand malheur pour l'influence Française : le Nord est exclusivement d'origine Anglo-Saxonne et Germanique, le Sud a été peuplé d'abord par les Français.

La Louisiane, le Missouri, les États riverains du Mississipi sont occupés par des colons de notre race; la Caroline du Sud, si ardente à la lutte, a reçu dans son sein un grand nombre des protestants émigrés à la suite de l'édit de Nantes; la Floride et l'Alabama sont à moitié Espagnoles, c'est-à-dire de race Latine.

Ajoutez à cela l'importance extrême de nos relations avec ces contrées dont les produits alimentent nos manufactures, et qui consomment elles-mêmes une bonne partie de nos soieries, de nos meubles et de nos articles de luxe et vous verrez de quel côté la France doit se tourner.

Souhaitons donc longue vie et succès à la Confédération du Sud !

VERSAILLES. — IMPRIMERIE CERF, 59, RUE DU PLESSIS.

VERSAILLES.—IMPRIMERIE CERF, 95, RUE DU PLESSIS.